LES VERTUS

DU

RÉPUBLICAIN

PAR

JEAN MACÉ

Garde national au 11ᵉ arrondissement.

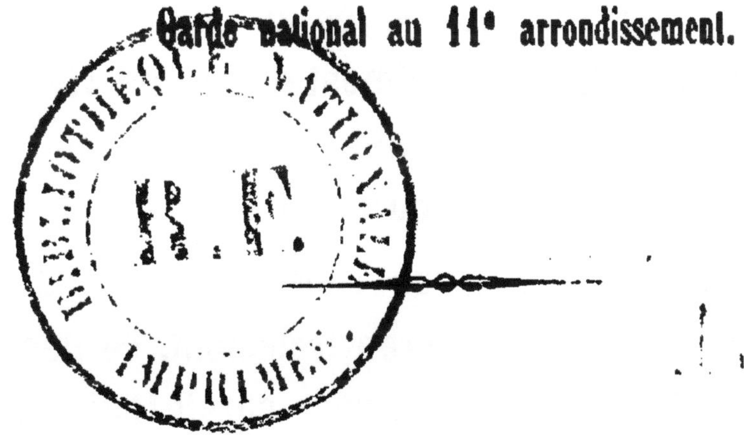

PARIS

FURNE, LIBRAIRE-ÉDITEUR,

RUE SAINT-ANDRÉ-DES-ARTS, 55.

—

1848.

A THÉODOSE BURETTE

Cher ami, qui êtes mort.

A qui pouvais-je dédier ces choses, si ce n'est à vous qui me les avez mises au cœur? Vous n'aviez pas eu le pressentiment de ce qui vient de se passer; vous aviez mieux : tous les sentiments qui triomphent aujourd'hui.

S'il y a là-bas quelque chose qui reste de vous, recevez, comme un remerciement, ce dernier salut d'un homme qui vous aurait toujours appelé son père en dépit de la fraternité.

J'avais voulu faire une liste des devoirs et des droits du Républicain. Je me suis aperçu bien vite qu'il n'y avait pas un droit qui ne fût un devoir, un devoir qui ne fût un droit, le droit de tous étant le devoir de chacun.

Au fond de tout, je n'ai plus trouvé que des vertus.

Et toutes ces vertus sont la même, celle qui fait l'honnête homme.

Cela me paraît rassurant pour ceux qui pourraient douter de la République.

PARIS. — IMPRIMERIE CLAYE ET TAILLEFER,
rue Saint-Benoît, n° 7.

LES VERTUS

DU

RÉPUBLICAIN

I.

L'AMOUR.

FRÈRES,

Aimons-nous d'abord. Tout est facile entre gens qui s'aiment.

S'il y a encore des cœurs indécis qui hésitent à s'ouvrir à l'amour, crions bien fort que ce n'est pas vrai : ce ne sera pas vrai demain.

L'amour est contagieux : luttons ensemble à qui aimera le premier.

Vous avez entendu parler de théories qui s'avancent. On vous a jeté à la face des

mots effrayants ; on vous a murmuré à l'oreille des phrases haineuses. De part et d'autre on vous montrait au doigt, disant aux ignorants et aux faibles : « Vois-tu celui-là ? c'est un ennemi. »

Oublions tout cela. Aimons-nous. Nous sommes bien tous les enfants de la femme, les enfants de la même patrie, les enfants du même Dieu. Nous avons tous nos besoins communs, nos amours communs, nos mêmes erreurs, hélas ! et nos mêmes misères. Ne méprisons rien, n'insultons rien ; n'entrons pas dans une discussion sans fin, chacun nos droits à la main. Aimons-nous, c'est plus tôt fait, et cela vaut mieux.

L'amour est plus fort que le monde. Dieu parlait au cœur de celui qui l'a dit le premier. Que cette pensée sainte nous soutienne et nous rallie, et nous apprenne à nous appuyer les uns sur les autres, au lieu de nous appuyer les uns contre les autres.

Dites, au sein des luttes et des colères, n'avez-vous jamais senti quelque chose qui se révoltait en vous, une voix indignée, la voix de Dieu, qui criait tout bas dans vos poitrines haletantes : « Caïn, que fais-tu, que veux-tu faire de ton frère ? »

Ce n'est pas pour rien que la république s'est appelée : *la liberté, l'égalité, la* FRATERNITÉ.

Un républicain doit aimer. Celui qui n'aime pas, n'est pas républicain. Il oublie que le premier mot de son catéchisme, c'est l'amour pour son frère.

Que ferez-vous de la terre, si vous éteignez le soleil ? Que ferez-vous de l'humanité, si vous lui ôtez l'amour ?

Ah ! je m'inquiète bien peu des grands problèmes qui se posent, et des solutions rivales qui se disputent l'honneur d'en venir à bout. Apprenez à tous ces gens-là à s'aimer ; ils n'auront plus besoin de vous.

Quand l'amour est devenu une nécessité, de quel nom le nommer ? Eh bien ! nous en sommes là. Il faut, sous peine d'être emportés avec les nôtres dans un abîme inconnu, dans un dédale d'intérêts entrecroisés, où nous péririons tous, il faut que nous nous décidions enfin à nous aimer. Dieu le veut ! Il nous a mis le marché à la main, et je vais vous traduire la phrase : Il faut que nous nous décidions à être heureux.

Un grand débat commence, qui veut avoir une issue. Si je vais de l'un à l'autre, ma tête se perd, et mon cœur s'est brisé cent fois, avant que j'aie osé décider.

L'implacable justice étend ses deux bras sur toutes ces têtes ; et faire couler des larmes pour en sécher d'autres, ce n'est pas là de l'amour. Non, je ne voudrais pas être juge ici, il faut que les parties s'entendent, et de la science du Code elles n'en ont que faire. Le Christ l'a dit, et nous pouvons l'en croire :

« Mes enfants, aimez-vous les uns les autres, c'est là la loi et les prophètes. »

II.

LE SENTIMENT DE LA DIGNITÉ HUMAINE.

Amis,

Écoutez bien ceci :

Celui qui a peur de moi, m'offense : il me croit méchant.

Celui qui pense une chose, et n'ose pas la dire devant moi, se fait une pauvre idée de ma personne : il me croit intolérant.

Celui qui souffre par moi et n'ose pas me le dire, celui-là me méprise : il me croit injuste.

Celui qui a envie de se moquer de moi, et qui fait rentrer son envie pour une autre pour que celle de me faire de la peine, celui-là est un insolent : il me croit bête.

L'amour ! le premier devoir de l'homme, il fait tout.

La dignité humaine ! son premier droit, elle donne tout.

Amis, venez ici, tenant d'une main la sainte bannière de l'amour, tenant de l'autre le noble drapeau de la dignité humaine. Ce drapeau-là, plantons-le d'une main triomphante, et sur-le-champ que nous sachions tous à quoi nous en tenir. L'homme qui se respecte lui-même, respecte ses frères ; il sait aussi s'en faire respecter, glorieux sentiment qui part et retourne sans cesse de lui à ses frères, de ses frères à lui, allant toujours grandissant.

Amis, nous avons été précipités en un jour sur un terrain nouveau. Nous essayons encore nos premiers pas. Tendons-nous la main en hommes qui se valent ; apprenons-nous mutuellement à nous respecter.

Ceux d'entre nous qui ont tremblé en voyant apparaître tout à coup la Républiquo, ignoraient, bien sûr, ce que c'est qu'un Républicain.

Pour moi, franc Républicain de vingt ans ou de deux jours, je n'en sais plus rien, j'ai oublié la date, je vous déclare qu'il n'y a plus qu'une crainte permise par ici, celle de la loi. Et encore, la loi, on la respecte, on ne la craint pas.

De la crainte, entre nous, amis ! Et qu'en ferions-nous de ces craintes qui nous dés-honoreraient ? Allons, apprenez votre mé-tier. Haut la tête, et la poitrine en avant ! Personne ici ne pense à faire peur. Oubliez les récits de vos nourrices. Il ne pleut pas d'insultes sur les terres de la République.

Je vous en conjure, vous tous, mes con-citoyens, dans ces luttes solennelles de la parole et de la presse où nous entrons sans préparation, ne perdez jamais de vue le principe sauveur de la dignité humaine. Discutez et tâchez de convertir, n'injuriez jamais. Respect aux opinions ! C'est la plus sacrée de toutes les propriétés.

Avant tout, soyons sobres de ces mots qui appellent la foudre, de ces mots de *traîtres*, de *factieux*, de *mauvais citoyens*, après lesquels un frère devient un ennemi. Celui-là même qui, dans un moment d'égarement, a mis le pied sur la route du mal, va retourner de lui-même en arrière, si d'un geste amical vous lui montrez simplement où il va. Une menace, une insulte, c'est le coup de fouet qui pousse en avant un coursier généreux. Ces hommes qui se trompent sont des Français, et la France est un pays d'honneur, maintenant plus que jamais.

Voyez, quand des ouvriers égarés sont allés par la ville, brisant les machines qui travaillaient pour eux, pareils à des cavaliers maladroits qui tueraient leurs montures, d'autres ouvriers sont venus qui sans emportement, sans mépris, en hommes qui savent le langage qu'il faut parler à des hommes, ont écrit sur les murs ce simple mot : « Frères, ceci est un tort. » Ce mot, quand je l'ai lu, les larmes me sont montées aux yeux, et j'ai dit : « La République vivra ! »

Or, savez-vous ce qui est arrivé, c'est que le lendemain ces gens qui avaient effrayé la ville sont venus en pleurant signer à leur tour qu'ils avaient eu tort, et qu'eux aussi, nobles cœurs, l'ont écrit sur le mur. Dites, cela ne vaut-il pas une armée pour rassurer ceux qui étaient menacés ?

Frères, amis, concitoyens, écoutez-moi tous, et au nom de la patrie qu'il nous est ordonné de sauver, gravez tous au plus avant de votre cœur ce que je vous dis là : « Respectez, respectez les hommes ; même malgré eux, forcez-les de se respecter. Le méchant, c'est celui qui n'a pas le sentiment de la dignité humaine. Faites entrer ce sentiment dans son cœur : il n'y a pas de sentinelle, il n'y a pas de police qui le gardera mieux, puisqu'il emportera partout avec lui son gardien. »

III.

LE COURAGE.

Citoyens,

On peut dormir insoucieusement à l'ombre des monarchies : il faut qu'un Républicain soit debout, et qu'il ait du courage.

Le premier de tous en ce moment, c'est le courage de son opinion. Avant qu'il soit longtemps, je veux qu'il ait perdu ce nom. Je veux qu'il soit entendu et reconnu sans conteste que le droit de dire fait partie du droit de penser. Je veux que le même sanctuaire les enveloppe tous deux d'un même mur d'airain, et que le poltron lui-même arrive à penser tout haut, sans y faire seulement attention.

Il y a un grand, un formidable, un glorieux courage, celui de la bataille, celui qui tue, celui qui sauve la patrie. Chapeau bas devant celui-là, sainte relique de notre histoire! Les temps approchent, s'ils ne sont déjà venus, où nous n'allons plus savoir qu'en faire : richesse inutile que nous garderons en magasin.

Place à celui qui s'avance ; l'avenir est à lui: c'est le courage du travail. A lui bientôt l'honneur, à lui les arcs de triomphe, et les colonnes, et les chants des poëtes qui donnent l'immortalité. Et pourtant, noble vertu, ton tour viendra aussi. Un jour se lèvera où le travailleur, régénéré par l'amour, redemandera en vain à sa tête, à son cœur, à ses bras, leurs vieux courages d'à présent, et s'indignera, en souriant, de les voir détrônés par le plaisir du travail.

Citoyens, à cette heure, il nous faut tous les courages :

A ceux qui perdent, pour pardonner à ceux qui gagnent, du courage !

A ceux qui attendent, pour attendre noblement, du courage !

A ceux qui avaient les yeux fermés, pour habituer leurs yeux à la lumière nouvelle, du courage !

A ceux qui faisaient, le cœur en feu, du roman, pour entrer avec sang-froid dans la vie, et faire de l'histoire, du courage !

A ceux qui gouvernent, pour aller droit devant eux, dédaignant résolument tout guide qui ne s'appellerait pas la justice, à ceux-là qui ont entre les mains notre sort à tous, du courage ! du courage ! Seigneur ! s'ils voulaient en manquer, ne le permettez pas !

A ceux qui sont gouvernés, et qui lèvent un œil inquiet, défiant peut-être, vers le Sinaï du haut duquel les destinées de la patrie vont sortir une à une, en éclairs fulgurants, de la nuée mystérieuse, à vous tous, mes Frères de tout rang, de tout âge, de toute profession, du courage ! du courage !

Dieu est bon ; il ne commande pas les larmes.

An nom de la peur, je vous adjure tous d'avoir du courage. Ah ! dites-moi d'effacer cette phrase impie , qui n'est pas française. J'en ai là une toute prête qui vaut cent fois mieux : Au nom de l'amour, armez-vous de courage !

Allez , ne doutez pas de vous-mêmes. Nous sommes d'un pays où le courage est facile, quand on est côte à côte, et qu'on marche au pas, en chantant d'une seule voix le même air. Serrons les rangs, l'hymne d'aujourd'hui est un hymne de paix. Celui-là porte au cœur aussi, et nous ferons encore une fois des prodiges.

Le seul courage qui nous soit impossible, c'est celui de l'humiliation, et j'en jure Dieu, nul de nous n'en aura besoin. Si des insensés demandaient qu'un seul de nos frères fût condamné à rougir, non, mille fois non, nous ne le souffririons pas. Nous irions tous lui tendre nos mains , afin qu'il sache bien qu'il n'est pas déshonoré. Un seul acte méchant, et notre cause est perdue.

S'il fallait qu'un tel malheur arrivât, mon Dieu, donnez-nous du courage à tous, un courage qui n'a pas de nom, et que l'imagination refuse d'inventer. Ou plutôt, mon Dieu, écartez de nous ce calice : il serait trop amer pour vos enfants. Du courage, il nous en faudrait trop !

Allons, amis, pas de fausse alarme. Encore un peu de temps, et tout ce dur enfantement sera terminé. La mère tiendra dans ses mains tremblantes le fruit de ses entrailles, et ses dernières larmes se sécheront dans un ineffable sourire.

Dans l'attente de ce moment suprême, gardons-nous de l'avortement.

Encore un peu temps, et de cette armée de courages, un seul restera debout. Le courage de n'être rien, quand nous pourrons tous être tout.

IV.

LA GÉNÉROSITÉ.

FRANÇAIS,

Noble fille du courage et de l'amour, la générosité est aujourd'hui la vertu-reine : c'est elle qui va nous sauver.

La générosité est la vertu des forts. L'homme qui le premier s'est aperçu que le lion était le plus terrible des animaux, est le même, bien sûr, qui a découvert que le lion était généreux. Si cela n'est pas vrai, cela doit être vrai.

C'est parce que le pauvre s'est senti fort d'un fait, qu'il vient d'être généreux.

C'est parce que le riche se sent fort d'un droit, qu'il va être généreux.

Oui, un droit! mes sympathies voudraient en vain me défendre d'écrire ce mot; ma raison me l'ordonue. Un droit de possession, un vieux droit enraciné dans les têtes et les cœurs, un droit vis-à-vis les individus.

Je sais que la société tient ici en réserve son droit à elle, son droit d'intervention.

Son action s'arrête au seuil du domicile privé, du temple domestique, enceinte sacrée en ce jour, si elle le fut jamais. Mais le domaine public est à elle. Nul ne peut lui tenir tête sur ce terrain. Elle a le droit de concurrence, que nous accordons à tous, et au bout duquel tout se trouve, si vous voulez bien regarder. Elle ne peut toucher aux réservoirs particuliers : elle peut en tarir les sources.

Or, cela n'arrivera pas. Cela me gâterait notre bonheur, s'il fallait qu'il s'élevât sur des ruines amoncelées, dans un conflit douloureux de luttes inégales, où tous les intérêts privés viendraient se faire broyer en détail sous la roue implacable de l'intérêt commun.

Rien ne sera broyé par elle, parce que tout viendra s'attacher à ses rayons. J'en ai pour garant cette explosion merveilleuse de sentiments généreux, échappés en un jour de tant de cœurs bouchés; qui ont fait, on ne sait par où, invasion dans l'air, et que toutes les poitrines aspirent délicieusement.

O mes rêves impossibles, soyez les bienvenus! Ce qui était impossible hier est nécessaire aujourd'hui.

Je ne sais ce qu'ont senti ceux qu'on a nommés les prophètes, et nous autres, les fils de Voltaire, il nous paraît plaisant de parler de prophéties. Mais, en vérité, en vérité, je vous le dis, je sens en moi une voix impérieuse contre laquelle le vieil homme sceptique et moqueur voudrait en vain lutter, une voix d'en haut qui me crie et me force de dire que le jour est proche où le pauvre, les yeux mouillés de larmes de joie, dira au riche : « Assez, frère, assez, j'en ai trop », et où le riche reprendra tout ému : « Encore cela, frère, pour l'amour de moi. »

Verrons-nous ce jour? Oui, mon Dieu. La vie à tous, la vie assurée, heureuse, honorable! La vie et l'honneur, cela suffit pour un jour. Ne nous inquiétons pas du reste, nous tous qui avons fait des théories. Le grand théoricien, c'est Dieu, et chaque chose viendra à son heure. La grande égalité rêvée, ceux qui vont venir en sauront plus long que nous sur son compte. Laissons quelque chose à faire à nos enfants : ce sera là leur véritable héritage.

Pendant que nous parlons de générosité, osons ne reculer devant aucune pensée généreuse, en ce jour qui appartient à tous les bons instincts de l'homme.

Frères, ce serait une belle chose à nous, une chose inouïe dans l'histoire du monde, une chose qui frapperait de mort tous les pouvoirs établis au-dessus des nations, si, quand nous aurons fini notre tâche, quand la République, désormais inébranlable, aura pour base de granit une nation armée tout entière, armée surtout de paix et de bonheur, nous ouvrions à deux battants les portes de la patrie, fermées sur tous les prétendants.

Voyez quelle noble et bonne fierté il y aurait à leur dire : « Venez parmi nous, vous qui avez voulu être nos maîtres; venez voir combien il est doux de vivre en frères. Venez écrire vous-mêmes vos noms proscrits sur le grand livre d'or des citoyens. »

Et ils viendraient, j'en suis sûr. Ils viendraient sans une arrière-pensée, qui serait une folie. Et d'où pourrait ensuite nous venir la foudre, puisque nous aurions déchargé le nuage qui la portait?

Frères, si j'ai mal vu, excusez-moi. Si j'ai pris pour une révélation d'en haut les élans aveugles d'une imagination brisée par un excès d'enthousiasme, pardonnez-moi. L'i-

vresse qui m'aurait emporté, l'ivresse, si
c'en est une, c'est l'ivresse d'un triomphe
qui est le vôtre et le mien.

V.

LA POLITESSE.

MESSIEURS,

N'oublions pas, s'il est possible, que le peuple Français a été proclamé, il y a long-temps déjà, le peuple le plus poli du monde.

Ne souriez pas, c'était un magnifique éloge. Le plus poli, c'est-à-dire le plus sympathique, le plus aimant. Toute notre supériorité est là.

La politesse est une vertu. C'est une forme de l'amour. C'est l'amour appliqué aux relations de la vie privée, c'est-à-dire aux choses qui tiennent le plus de place dans la vie.

L'homme poli peut avoir la main rude et

la voix rauque, à tout prendre. Permis à lui d'aller en blouse et en sabots, s'il n'est pas assez riche pour avoir des bottes et un habit. Permis à lui d'être fort ignorant, s'il a été privé, pauvre homme, du bienfait de l'éducation. Il ferait peur aux enfants de loin, qu'il resterait encore pour moi l'homme poli, s'il aime à se rendre agréable à ceux qui l'entourent, s'il parle avec douceur aux gens, s'il se dérange pour laisser passer une femme, un vieillard, s'il évite de blesser son monde en l'écrasant brutalement du poids tyrannique de sa manière de voir.

Toutes ces choses-là sont compatibles avec l'aspect le plus hérissé. Nous venons d'en avoir des preuves.

On s'est beaucoup moqué de la politesse des salons. Fausse politesse, si vous voulez, politesse hypocrite ; mais, on l'a redit bien souvent, l'hypocrisie est un hommage rendu par le vice à la vertu. La politesse des cœurs peut se passer de tant de formes, mais elle vit de ce qu'il y a dessous. Tout ce monde poli, où la première place était partout aux femmes, aux vieillards, aux infirmes, où l'usage comblait les lacunes du Code, où la brutalité était un crime, l'indécence qui fait rougir les jeunes filles, une chose sans nom, où le sot lui-même était respecté, chacun retenant son sourire, de peur de l'offenser, tout ce monde-là, Messieurs, était depuis longtemps, sans se l'avouer, un monde républicain. Que pensez-vous de la fraternité, si ce n'est pas cela ?

Si j'ai foi en la République nouvelle, c'est que du haut en bas je trouve en nous le sens de la politesse, du savoir-vivre et du bon goût. Or, ce que nous venons de faire n'a pas eu d'autre but que de faire entrer, tambour battant, dans la loi, et d'installer à tout jamais au grand air, ce qui errait, méconnu peut-être, dans la société, ce qui habitait au fond des cœurs.

Il était impoli de faire sentir à un homme sa pauvreté : la loi a dit qu'elle ne savait plus ce que c'était que le pauvre, qu'elle ne connaissait que des citoyens.

Il était impoli de gêner, en s'étalant, ses voisins, de vider un plat dans son assiette : la loi a dit qu'il y avait de la place et du pain pour tout le monde.

Il était impoli de faire taire un homme qui parlait, de froisser une opinion, de s'adjuger le monopole de la conversation : la loi a dit que la parole était libre. Je la défie du moins de dire aujourd'hui le contraire.

Politesse française, tu ne saurais périr, pour avoir triomphé !

O progrès splendide vers lequel nous tendons ! Il n'y aura plus une classe polie, et une classe qui était supposée ne pas l'être. Nous serons tous des hommes polis. La bonne compagnie, ce sera la foule.

Sera-ce demain ? Non sans doute, pas encore. Laissez aux hommes le temps d'entrer en possession, non pas des idées nouvelles, mais des faits nouveaux. L'égalité est la mère de la politesse : donnez-lui le temps d'enfanter.

Autrefois, pour établir violemment le niveau, on avait mis la rudesse à l'ordre du jour. Nous, qui n'avons pas eú un grand effort à faire pour prouver aux incrédules que le niveau était établi, il nous sera facile de décréter la politesse.

Et vous aussi, les gens polis, vous y gagnerez en savoir-vivre. L'homme bien mis qui, à sa droite, faisait descendre du trottoir une pauvre vieille n'était pas plus poli que le charbonnier ou le maçon qui le barbouillait, sans crier gare, à sa gauche. J'attends de vous, et de votre bon goût, que vous allez laisser là cette distinction, inconnue au bon Dieu, entre une dame et une femme.

Ne cherchez pas de fiel dans ce que je dis là. Les idées reçues, on les subit, on ne les fait pas. Et vous d'ailleurs, qui étiez après tout l'élite de notre pays, n'allez pas croire que ce reproche fraternel s'étende à tous, ni même à la majorité.

Pour dire le vrai, à quelques exceptions pres, nous étions tous polis. La loi ne l'était pas. Elle a entendu raison. Qui oserait voir du mal à cela?

VI.

LA CONSTANCE.

Voici une vertu difficile, une vertu qui ne serait pas indigène, s'il fallait en croire les mauvaises langues.

J'ose espérer que nous leur donnerons tort. Les Français de Louis XV pouvaient bien, sans trop y prendre garde, se laisser traiter de frivoles et de légers : nous, cela ne nous est pas permis.

Une chose me rassure, c'est que les Allemands, au milieu du siècle dernier, nous avaient appelé : un peuple de coiffeurs et de danseurs, et qu'à quelque temps de là Napoléon, dans sa langue monumentale, nous appelait : la grande nation, sans que rien autre chose au monde, si ce n'est la modestie, pût y trouver à redire.

Citoyens, il nous faut ici de la constance. La constance, c'est le courage dans la conduite; le plus difficile, parce qu'il est le plus long, mais aussi le plus glorieux des courages. S'il n'y a rien de trop glorieux pour nous, il faut que rien ne nous paraisse trop difficile.

Nous vivons si richement en France de la vie du moment, que nous oublierions volontiers ce qui s'est passé la veille, si nous nous laissions aller à notre pente. Maintenant que ces flots tumultueux, qui ont inondé la cité, sont rentrés d'eux-mêmes dans leur lit, que les pavés renivelés livrent passage aux voitures, que les armes vagabondes, et les couleurs rivales disparaissent une à une, et que rentrant chez vous vous ne trouvez rien de changé, dites, amis, ne seriez-vous pas tentés de croire que vous avez rêvé?

Oh! vous n'avez pas rêvé. On a brisé les

barrières, et tout ce monde de pensées nouvelles qui ont envahi vos têtes et vos cœurs, il faut maintenant les garder pour toujours. Ce ne sont pas des oiseaux de passage : elles ont conquis leur droit de cité.

Un républicain sans constance est un soldat sans armes. Or, nous sommes républicains. Le mot rend encore un son étrange à nos oreilles : c'était hier une injure, et nous l'écoutons, étourdis, sans le bien comprendre encore. Mais la chose est faite : il n'y a pas à y revenir.

Nous sommes républicains, c'est-à-dire qu'avec le lien qui nous attachait à lui, nous avons jeté le bouclier ; c'est-à-dire que désormais ce qui s'appelait autrefois le gouvernement ne saurait plus être qu'un écho, l'écho de la volonté publique ; c'est-à-dire qu'il faut payer aujourd'hui de sa personne, penser tous à ce qui est juste, et le vouloir ; c'est-à-dire que l'intérêt privé, libre et joyeux tout à l'heure, doit rentrer désormais sous terre, quand vient à passer l'intérêt commun.

Je parle à tous ici, aux petits comme aux grands. Nous avons congédié nos hommes d'affaires : il faut les faire nous-mêmes à cette heure.

Qu'allons-nous devenir, si nous n'avons pas la constance?

Aussi bien nous l'aurons, ne serait-ce que parce que nous ne pouvons pas faire autrement. Le lâche au pied du mur devient de force un héros; et nous ne sommes pas des lâches, Dieu merci.

La constance qu'il nous faut, c'est la constance dans le bien.

Sachons bien tous que l'honnêteté absolue est pour longtemps encore de rigueur. Je dis pour longtemps, parce que je veux bien laisser ici de côté le devoir, qui est éternel; je parle uniquement du danger qu'il y aurait à être malhonnête. Plus tard, quand la société aura trouvé ses bases, qu'elle cherche encore, les mains en avant,

plus tard il y aura une place pour l'indul-
gence dans le cœur généreux de la patrie ;
mais à cette heure décisive où la société
joue sa vie à pile ou face, malheur à qui
voudrait la tricher !

Ah ! ce n'est pas le tout de jeter au vent
ses lunettes et ses béquilles, ses jambes et
ses yeux d'emprunt ; il faut marcher droit
ensuite, voir clair, et se tenir ferme sur
ses pieds. Il faut de la volonté pour être
républicains, et vous l'êtes sans rémission.

Que personne ne me dise qu'il n'en vou-
lait pas de ce titre, lourd à porter. Il le
fallait : le terme était venu. Par cette porte
ou par toute autre, il fallait entrer ici. Le
terrain nous manquait là-bas, et ce que la
résistance a précipité, la condescendance
le laissait venir fatalement. Ce qui est juste
ne se proclame pas pour rire. Notre troi-
sième révolution est sortie d'une envie de
banquet, absolument comme la première
d'un embarras financier. Quand le fruit

tombe, ce n'est pas parce qu'on a secoué l'arbre, c'est parce qu'il était mûr.

Nous avons bien commencé; persévérons. Le plus fort est fait. Nous avons traversé avec un courage et une sagesse de bon augure une crise terrible qui pouvait tout perdre, où nous étions tous à la merci d'une faiblesse, d'un mauvais vouloir, d'un malentendu. Persévérons, et soyons confiants. Dieu doit être content de nous.

La constance est légère quand elle est soutenue d'un côté par la conscience, de l'autre par la nécessité.

VII.

LA MODÉRATION.

Sainte modération, aux jours de colère on t'avait flétrie du nom repoussant de *modérantisme*. Viens sans crainte présider aux débats fraternels qui vont s'ouvrir. Il n'y a rien qui puisse t'effaroucher dans ce concert touchant de bouches amies, qui appellent de toutes parts la concorde et la paix. Les notes discordantes, s'il y en a, n'arriveront pas jusqu'à toi ; elles se perdront en route, dans les harmonies gigantesques de la voix commune.

La modération n'est pas le juste milieu. Le juste milieu entre le vrai et le faux, entre le juste et l'injuste, il ne faut pas y penser.

La modération n'est pas la faiblesse, la faiblesse qui voit le but, et s'arrête en chemin ; qui voudrait avancer, et recule.

La modération n'est pas non plus la peur, ni la froideur, ni la trahison, ni rien de tout ce que voudraient bien supposer les esprits d'emporte-pièce qui se ruent, comme des sangliers blessés, à travers des fourrés dont chaque branche est un homme.

La modération est cette vertu suprême des forts et des généreux qui triomphent modestement, et n'ont pas besoin d'insulteurs apostés, comme autrefois les triomphateurs romains, pour se rappeler qu'ils sont des hommes.

La modération est l'opposé de l'exagération : c'est la meilleure définition qu'on puisse en donner ; c'est le plus bel éloge qu'on puisse en faire.

La sagesse dans la raison, la mesure dans l'acte, le respect du droit d'autrui dans la lutte au nom de son propre droit, tout cela s'appelle la modération, tout cela est digne do faire partio du bagago d'un républicain.

Otez l'orgueil, la rancuno et l'égoïsme du cœur d'un homme, vous avez fait une belle place où peut se loger la modération.

Nous avons aussi besoin de cette vertu-là avec les autres. Si nous avions l'imprudence de l'oublier sur la liste, nous pourrions payer cher cet oubli. Les vertus se tiennent toutes par la main : si, dans la rondo sacréo, l'uno des sœurs vient à manquer à l'appel, la chaîne brisée s'en va bientôt flottant au hasard, et tout s'envole en un clin d'œil.

Amis, jurez-moi d'être modérés. Notre salut en dépend. Point d'excès sans réaction, cela est inévitable ; toutes les révolutions sont nées d'un excès ; tous les pouvoirs tombés sont morts d'un excès. Nous en sommes nés, n'en mourons pas.

Vous savez l'histoire de l'ours qui pour délivrer son ami d'une mouche importune, écrasa d'un pavé et la mouche et la tête de l'ami trop bien servi. Toutes les fois qu'un ami viendra, pour vous sauver d'un embarras, vous proposer un excès, dites : *C'est le pavé de l'ours.*

ami viendra, pour vous sauver d'un embarras, vous proposer un excès, dites :

VIII.

LA MODESTIE.

Connaissez-vous rien de plus adorable, rien de plus inattaquable qu'un héros, qu'un génie modeste?

Frères, nous ne sommes pas tous des héros, nous ne sommes pas tous des génies; mais nous pouvons tous être modestes.

La modestie ce n'est pas une vertu, c'est mieux que cela; c'est le parfum de toutes les vertus.

Un républicain qui n'est pas modeste est incomplet. S'il a mérité l'éloge, c'est une faiblesse à lui d'aller le mendier. C'est un ridicule qu'il se donne, si par hasard il ne l'a pas mérité.

Un homme de mérite, qui se laisse aller à l'orgueil, devrait bien se donner la peine de considérer combien est effrayante la majorité des sots dans le bataillon des orgueilleux. Comme il aurait bien vite abandonné ce troupeau suspect où il peut être pris si facilement pour son voisin.

Je sais qu'il y a un certain orgueil de la conscience dont il est malaisé de se garer. Et moi-même, qui prêche ici la modestie, j'ai bien osé en publiant les premières de ces pages, me proclamer à l'étourdie : *Un Vrai Républicain*. Le vrai républicain, vous savez, celui qui l'est davantage que le républicain tout court. Que voulez-vous? L'humaine nature a ses faiblesses. C'est pour cela surtout qu'il nous est enjoint d'être modestes.

Amis, si vous voulez faire réellement honneur à votre patrie, soyez modestes, même en parlant d'elle. L'orgueil de la patrie, l'orgueil de sa mère pour un fils, il faut garder cela dans un recoin silencieux du cœur, comme une chose sainte qu'on ne met à l'air qu'aux grandes occasions. Les fanfaronnades qui humilient d'autres hommes, laissons-les là, nous en avons le droit. Il est permis aux riches d'être mis simplement.

De la modestie pour nous-mêmes, républicains, je ne sais pourquoi j'insisterais là-dessus après ce que je viens de dire. Soyons fiers, c'est notre droit, bien mieux c'est notre devoir. Ne soyons pas orgueilleux.

La noble fierté ne sait pas courber la tête. L'orgueil hautain met le pied sur la tête de son voisin. A l'une pas de maître, à l'autre pas d'égaux.

La fierté est la vertu du républicain. L'orgueil est le vice de l'aristocrate, ce qui ne veut pas dire le noble, ni le riche, mais le dominateur. Nous avons eu des aristocrates en bonnet rouge. Avec l'orgueil, plus d'égalité, partant plus de fraternité, et bientôt plus de liberté. Gardons-nous-en, mes frères.

Assez comme cela sur la modestie. Il faut en parler modestement.

———

IX.

LE DÉSINTÉRESSEMENT.

J'avais hâte d'arriver à celui-là. Je nourris une colère qui me gênait pour parler des vertus.

Le croiriez-vous, citoyens? On m'a dit que le lendemain même de notre révolution, alors que les Pères de la Patrie, debout depuis vingt heures, et ne touchant plus bientôt à la terre, luttaient pour nous entre deux tempêtes, celle de la foule, et celle, bien plus tumultueuse encore, de leurs cœurs palpitants, on m'a dit que ce jour-là on avait ramassé à leur porte, quand vint le soir, 4,000 pétitions!

J'apprends que les ministères, ces grands

ateliers de gouvernement, où la besogne d'aujourd'hui est si rude aux travailleurs, j'apprends que les ministères sont envahis, engorgés, annulés par une foule impitoyable de gens qui demandent, qui demandent n'importe quoi à n'importe qui; que le flot vainqueur a tout inondé, les bureaux, les antichambres, les couloirs, les escaliers, les cours, qu'il commence dans la rue, et qu'un homme de cœur qui vient à passer par là est obligé de changer de trottoir.

Eh! Messieurs, un peu de mémoire, il n'en faut pas tant! La royauté n'est plus là; on ne vous l'a donc pas dit : c'est à la République que vous demandez.

Citoyens solliciteurs, sachez que je ris dans ma barbe des honnêtes gens qui se croient désintéressés parce qu'ils ne demandent rien aujourd'hui.

Les places, les fonctions, les *charges publiques!* Personne ne se doute donc par ici que tout cela est devenu sérieux. Vous avez lu pourtant l'histoire les uns et les autres. Que dites-vous de la vie que toutes les républiques ont faite à leurs fonctionnaires, oui toutes, et Carthage elle-même, la ville de négoce, la cité sans honneur?

Attendez un peu de temps, gens trop pressés, vous saurez ce que c'est que de marcher à découvert, avec sa conscience pour seul bouclier, au travers des grandes et des petites passions, sous l'œil rigide et la main sans pitié de la loi. Vous saurez qu'à ce métier une jolie femme est un instrument inutile, et que ce n'est pas assez d'avoir l'esprit facile et l'échine ondoyante.

Malheureux! vous croyez bonnement faire vos affaires; vous courez vous offrir en holocauste. Il est bon du moins de vous avertir. Ce que vous faites là serait beau, si vous le saviez.

Oui, mes concitoyens, je veux qu'il ararrive un moment où les solliciteurs ne seront plus ceux qui demanderont, mais bien ceux qui offriront. Je veux que des villes entières aillent gratter à la porte des citoyens qu'elles auront choisis, et que le désintéressement consiste à accepter les charges publiques, dont le nom ne sera plus dérisoire.

Je m'attends à voir entrer dans la grande assemblée qui va venir, des ouvriers et des pauvres, des hommes au cœur droit, à l'esprit modeste, reconnus bons à quelque chose par leurs concitoyens ; je veux que, leur tâche achevée, ils s'en retournent les reins brisés, et le cœur léger, au travail des bras, le plus facile, le plus joyeux de tous, sitôt qu'il n'est pas excessif ; je veux qu'en revoyant l'atelier pacifique, ils s'écrient, bondissant d'allégresse, comme des enfants revenus de l'école : « Venez nous embrasser, camarades ; nous avons payé notre dette à la patrie. »

Non, ce n'est pas le désintéressement d'autrefois que je demande à mes concitoyens. Un autre les attend, plus beau, plus difficile, plus digne du nom glorieux qui leur est tombé du ciel. Le désintéressement de la vie publique, ce n'est plus rien, à mes yeux du moins. Celui qu'il faut maintenant, c'est le désintéressement de la vie privée, c'est la résignation, c'est le sacrifice, c'est le sommeil confiant de chacun entre les bras de la patrie.

Ah! c'est à peine si j'ai le courage d'en parler. J'ai vu des larmes rouler dans les yeux des mères, et j'ai senti ma joie me glisser des mains. L'amour de la patrie n'est pas cruel. Hélas! pensez aussi à ces mères qui enfantaient là-bas sur la paille, dont les enfants s'en allaient pieds-nus à l'aventure, dévoués au vice aussi bien qu'à la misère, enchaînés à des labeurs effrayants, à l'âge où les vôtres ont encore des bonnes; pensez à ce concert épouvantable de hurlements, de blasphèmes, de cris obscènes, de gémissements lamentables, sortant tous pêle-mêle d'une seule bouche, de la bouche flétrie de la misère, et dites, la main sur le cœur, si ceux qui élevaient leurs voix pour demander que l'humanité se mît en marche vers d'autres terres, si ceux-là étaient des hommes injustes et cruels ; dites, devant Dieu, s'ils n'ont pas bien fait.

Et vous aussi, frères, dont les cœurs généreux s'indignaient depuis longtemps de la misère, dont les esprits puissants s'étaient élancés bien avant nous à la recherche du grand problème, vous aussi, il vous faut en ce moment votre part de désintéressement.

Votre part ne sera pas la moins belle, allez.

Quel est celui de tous ces biens de la terre qui vienne aussi avant au cœur de l'homme, comme une idée, un bien du ciel ?

Or, en ce jour, que tous les rêves caressés en petit comité, se trouvent tout d'un coup appelés au grand air, face à face avec la réalité, ayez, je vous en conjure, le désintéressement des idées.

Vous êtes les forts, n'est-ce pas, les hommes qui avez étudié, qui avez pressenti, qui avez su : donnez aux faibles l'exemple du sacrifice. D'un rêve qui devient un fait, on ne peut pas toujours tout garder. Ne vous enveloppez pas trop résolument dans vos idées, comme un brave, sommé de se rendre, s'enveloppe dans son drapeau.

Oh! l'admirable vertu que de laisser triompher l'idée dont on était le soldat, par d'autres armes que celles qu'on lui tenait soi-même en réserve!

X.

LA FRANCHISE.

Salut ! vertu des hommes de cœur ; vertu des nobles natures, salut !

Viens, que je serre ta main généreuse, ta main qui n'a jamais trahi.

Non, tu n'es pas la brutalité, qui n'a pas d'âme ; tu n'es pas l'insolence qui n'a pas de cœur, l'indiscrétion qui n'a pas d'esprit. Tu es intrépide et douce, intelligente et simple. Ta bouche, avec un fraternel sourire, ta bouche aimable dit la vérité, et ne la hurle pas.

La franchise républicaine ne connaît point d'amis ni d'ennemis. Elle sait dire à son frère: « Tu as tort, » à son rival : « Tu as raison. » Elle s'immole elle-même de bonne grâce, quand on lui montre ce qu'elle ne voyait pas.

Amis, ne sentez-vous pas en vous-mêmes quelle joie ce serait dans le ciel et sur la terre, si nous étions tous francs les uns envers les autres, quels soucis, quelles angoisses le mensonge traîne partout derrière lui, et combien il est triste d'user sa sueur et son temps à creuser péniblement dans l'ombre des conduits étroits et tortueux, quand il y a là, sous le soleil, une route si large, si droite, et si bonne au pied, la route de la vérité.

On dit que le mensonge est un rempart, et que l'homme franc marche au combat sans cuirasse. Ah! que cette cuirasse-là était lourde et gênante, comme on la perçait bien vite à jour, et qu'il était facile d'en trouver le défaut! Je ne voudrais pas remuer, d'un pied sacrilége, la cendre des morts; mais dites-moi par où ont été touchés au cœur les hommes puissants qui viennent de tomber.

Les secrets d'État ! Il y a longtemps que ce mot de plomb me pèse. Les secrets qui sont la fable de la ville ! les secrets de Polichinelle, diraient les enfants. Une chose si vulgaire à cette heure qu'elle est tombée dans le théâtre de Scribe ; et que l'homme d'esprit me comprenne : n'entend pas qui veut ce qui bruit à l'oreille de tout le monde. Au panier, vos secrets d'État ! Le vrai secret, maintenant, le secret de la force et de la vie, c'est la franchise.

Ah! s'il nous fallait voir plus tard les chefs d'un grand peuple ruser et marchander, comme des brocanteurs; s'il nous fallait encore jouer la comédie, et cacher une défroque dans la coulisse, je dirais à Dieu : « Ce n'était pas la peine de nous avoir fait changer ! »

Et nous autres, frères, ne jouons pas au plus fin entre nous. Soyons francs. N'ayons pas nos secrets d'État, nos secrets qui se devineraient en un jour, qui seraient contre-minés par d'autres secrets. Ne nous poursuivons pas tremblants et aveuglés sous la terre. Allons droit l'un à l'autre, à la face du ciel, les mains ouvertes et le front au vent, comme il convient à des hommes libres, à des républicains.

Républicains ! encore une fois, c'est fait, nous le sommes. Ayons les vertus de notre état. Nous pouvions peut-être nous en passer tout à l'heure, si l'homme peut jamais se passer d'une chose qui est une vertu. Nous ne le pouvons plus aujourd'hui. Croyez-moi, remercions Dieu. Ce qu'il fait est bien fait.

XI.

LA JUSTICE.

Cette révolution-ci a été prechée au nom de la justice.

Ceux qui l'ont faite, sans savoir peut-être où ils allaient, se sont levés, emportés, à l'aveugle, par un sentiment irrésistible, l'horreur de l'injustice.

Ceux qui l'ont acceptée, faite sans eux, ou même malgré eux, ont obéi avec une noble soumission à un maître, toujours vainqueur dès qu'il paraît, au sentiment de la justice. Tant que nous serons justes, je n'ai peur de rien, ni de personne. Nous pouvons tout faire et tout braver. Dieu sera avec nous.

Si nous cessons d'être justes, il faut nous disposer à périr. Nous pourrons disputer notre vie, lutter avec le châtiment, fuir devant la vengeance boiteuse. Elle est infatigable, elle saura toujours nous atteindre.

Le scélérat, endurci au crime, vole et tue, et dort insolemment d'un sommeil d'enfant. Mais un remords au cœur d'une nation, trouble à jamais son sommeil. Nous serions les premiers-nés de l'histoire, et nous n'aurions pas de passé, que je dirais cela sans hésiter. Une nation a le cœur honnête. C'est pour cette raison que la voix du peuple a été appelée la voix de Dieu.

Amis, veillez sur notre révolution. Elle ne nous appartient pas à nous tout seuls. Le sort du monde en dépend.

Le monde averti nous regarde, palpitant d'espoir et d'effroi. Toutes les oppressions vont crouler, si nous vivons, crouler sans guerre et sans larmes, ainsi que doit s'accomplir une œuvre du ciel. Les peuples qui nous été confiés, nos fils futurs en

bonheur et en liberté, les peuples attendent pleins d'une joyeuse angoisse, ce que
nous allons faire du dépôt divin. Notre salut, c'est une dette d'honneur que nous
avons à leur payer. Une dette d'honneur !
acquittons-la.

Que personne ne me dise que l'on peut
se tromper sur ce qui est juste. Les intérêts
et les passions habitent à la surface du
cœur, et quand vous y regardez, en passant,
vous ne voyez rien que cette troupe hi-
deuse et désordonnée. Plus loin, frères, ce
sont là les faubourgs. Descendez dans la
cité, fouillez-la s'il le faut, demandant aux
portes la justice ; vous ne sortirez pas sans
l'avoir trouvée. Allez, c'est le même Dieu
qui a fait tous les hommes.

Pour moi, j'ai parcouru nos rues et nos
places, alors qu'elles étaient inondées par
cette foule immense, sortie comme par en-
chantement des entrailles soulevées de la
ville, et si je suis rentré chez moi plein de
confiance, c'est que partout j'ai trouvé l'a-

mour, le besoin de la justice. Sans doute que les intérêts et les passions grondaient encore, mais, nulle part, ils n'osaient éclater. C'étaient là les vrais vaincus.

C'est pour cela que j'ai confiance. Les égoïstes et les insensés, oui certes, il en reste encore. Ne demandons pas trop à l'humanité. Mais nul n'osera réclamer une chose injuste; une chose juste, nul n'osera la refuser. Ceux qui oseraient ne seraient pas les plus forts.

Amis, balayons la surface, et faisons place nette à la justice. C'est elle qui nous a guidés au combat : quitter son étendard, ce serait une trahison. Et puis toujours cette raison victorieuse qui retombe sans cesse sur nous, comme un marteau sur l'enclume. Quitter cet étendard, nous ne le pouvons pas.

XII.

LE PATRIOTISME.

Frères, amis, citoyens,

L'État, c'est nous; parlons un peu comme Louis XIV. A chacun son tour.

Ce qu'il y a de terrible et d'admirable dans la forme républicaine, c'est que tout le monde a sa part du gouvernement, c'est que, bon gré, mal gré, il faut que tous mettent la main à la chose publique. Ignorants, peureux, égoïstes, il n'importe : il faut apprendre, il faut oser, il faut se sacrifier au besoin. L'honneur est grand : mais on le paie. On le paie en monnaie de vertus, et qui n'en a pas doit s'en procurer. Aussi le gouvernement républicain, que l'on dise ou

non le contraire, est-il éminemment mora-
lisateur, et l'amour de la patrie n'y est pas
facultatif ; il est de stricte obligation.

A ce compte, je n'avais pas cru d'abord
qu'il fût à propos de faire figurer le patriotisme sur une liste des vertus d'un républicain.

Cependant, saint amour de la patrie, tu
existais hier ! Je ne saurais te réduire à
n'être plus autre chose qu'une triste nécessité.

Oui, tu restes une vertu, une vertu de
famille, de cette grande famille française,
où les femmes timides, et les vieillards
morts à l'émotion, et les méchants eux-
mêmes, ne sauraient commander à leur
sang de race, quand on remue chez eux la
fibre patriotique.

Ah ! tu n'avais pas besoin de devenir une
nécessité. *Mourir pour la patrie!* le chant
d'aujourd'hui, c'est le chant d'hier.

Or, il ne s'agit pas de mourir, il s'agit de
vivre pour la patrie.

Mourir c'est l'affaire d'un quart d'heure d'exaltation. Vivre, cela dure plus long-temps, et demande une plus grande dépense de patriotisme.

Citoyens, c'est le moment de montrer si la patrie est autre chose qu'un vain mot pour nous; c'est le moment de faire honneur aux traditions glorieuses de nos pères en République. Nous aussi nous allons être des hommes historiques.

Ne faisons pas du patriotisme en allant redemander à tous les échos du dehors les souvenirs irritants de nos luttes, de nos triomphes et de nos défaites. Soyons patriotes chez nous en servant bien la patrie.

Soyons patriotes,

En respectant les droits de nos frères pour servir la cause de la liberté;

En nous méprisant le moins possible, pour servir la cause de l'égalité;

En serrant une main qui fut celle d'un ennemi, pour servir la cause de la fraternité.

Liberté, égalité, fraternité, les trois mots sacrés de la grande Révolution française, rendons-les si vrais, si beaux et si grands que l'univers entier s'agenouille, et les adore avec nous. On les avait écrits en lettres de fer, écrivons-les en lettres d'or. Et gare ensuite à qui viendra les toucher!

Citoyens, j'attends cela de votre patriotisme. Le canon pouvait bien être la dernière raison des rois; la vertu est la dernière raison des peuples. Or, qui dit la vertu, dit toutes les vertus.

Ce sera là notre propagande à nous, une propagande aimée de Dieu, qui se rira des forteresses et narguera les cabinets. Le vent qui passera sur la France se chargera d'emporter par delà les fleuves et les montagnes les germes fécondants, destinés à faire éclore les républiques. Nous ferons la conquête du monde, sans quitter nos femmes, ni nos enfants; et si l'étranger reparaît dans nos murs, ce sera le myrte et l'olivier à la main, pour fêter en famille le salut de l'humanité.

Mon Dieu, si j'ai fait un rêve, n'attendez pas pour me faire sortir d'ici, n'attendez pas que je sois réveillé.

FIN.